Qu'est-ce qu'on fait
ujourd'hui?
llons à la maison bleu
orés de la rivière!!

KIDS INTERIOR
203

부모가 만들어 주는 아이들의 행복 공간

키즈 인테리어 203

주부의벗사 편저 나지윤 옮김

나무[수]

CONTENTS

일러두기

- 역주는 별표*로 표시하였습니다.

PART.1

파리와 런던의 감각적인 키즈 인테리어

아델라이드 댄디
알렉산드르(17세, 남)
막시밀리암(16세, 남)
가스퍼(13세, 남)
마리(8세, 여)

사랑스러움이 넘치는 로맨틱한 인테리어

아델라이드 가족은 여섯 개의 방과 두 개의 욕실 그리고 부엌이 딸린 150㎡(45평) 크기 아파트에 산다. 그녀는 중요한 인테리어 원칙을 가지고 있는데 '하나를 사더라도 질 좋은 물건을 골라 소중히 관리하며 오랫동안 사용하기'가 바로 그것이다. 오빠들의 귀여움을 독차지하는 막내딸 마리 역시 엄마의 영향을 받아 앤티크 레이스나 오래된 가구 등에 자기만의 감각을 담아낸 로맨틱한 방을 좋아한다.

002

오빠가 있는 여동생의 필수품

오빠들의 사랑을 한 몸에 받는 마리는 가끔 혼자만의 시간을 즐기고 싶다. 그럴 때는 엄마가 만들어 준 작은 나무 조각에 'Sorry, No boy allowed(오빠는 들어오지 마세요)'라고 적어 문고리에 걸어 둔다.

001

마리의 보물 1호,
캐노피가 달린 침대

16세기 프랑스에서 추위를 많이 타는 아이를 위해 만든 것이 지금의 캐노피가 되었다. 침대에 늘어뜨리면 우아한 분위기가 나서 여성스러운 인테리어가 된다.

003

핸드메이드 패브릭으로 따뜻한 분위기를

작고 아담한 마리의 방은 패브릭을 다채롭게 활용한 점이 특징인데 그중에서도 풍성하고 강렬한 진분홍색 커튼이 인상적이다. 커튼 옆에 둔 의자는 할아버지가 쓰던 것인데 누비이불을 덮어 깜찍하게 연출했다.

004

좋아하는 원단으로 만든 쿠션

리버티 프린트〈Liverty Print, 영국 리버티 회사에서 개발한 작은 꽃무늬*〉 원단으로 만든 쿠션은 아델라이드가 좋아하는 소품 가운데 하나다. 인형이 입고 있는 스웨터는 마리가 어렸을 때 입었던 옷으로 만들었다.

005

인테리어 공간으로 꾸민 벽

마리가 일곱 살 때 생일 선물로 받은 책상과 의자가 놓인 벽은 마리의 어린 시절 사진과 가족사진으로 장식했다. 사이좋게 누워있는 인형 침대와 유모차가 사랑스러운 느낌을 더한다.

006

감각적인 방을 만드는 그림

아델라이드의 친구가 직접 그린 작품이 심플한 하얀 서랍장과 멋지게 어울린다. 방 안의 모든 소품은 마리의 풍부한 감성을 자극한다.

이렌느 코엔
마르탱(5세, 남)
륀느(3세, 여)
아리스(4개월, 여)

빈티지 프린트와 다채로운 색상이 어우러진 인테리어

마르탱은 친한 예술가에게 인테리어를 의뢰해 각 방마다 개성을 살렸다. 벽에 그린 큼지막한 비행기 그림(page 19)은 화가로 활동하는 친척의 작품이다. 륀느의 방은 프랑스 고전영화에 나오는 사랑스러운 소녀의 세상으로 꾸몄다.

007

장난감과 옷도 훌륭한 인테리어 아이템

륀느의 방은 연한 하늘색 벽과 흰색 바닥으로 꾸며 약간은 어른스러운 분위기가 난다. 1960~1970년대 프랑스의 정취가 느껴진다.

008

햇빛이 스며들어 아름답게 빛나는 꽃무늬 커튼

정겨운 꽃무늬 커튼은 런던의 앤티크 숍에서 구입했다. 소녀다운 감성이 물씬 풍기는 꽃무늬가 하늘색 벽과 달콤한 조화를 이룬다.

FROM PARIS

009

바구니와 상자를 활용한 수납

플라스틱 장난감으로 수납장 위를 앙증맞게 장식했다. 왼쪽의 휴지통과 선반은 꽃무늬 벽지를 붙여 통일된 느낌을 준다.

010

재치 있는 코너 인테리어

금색 꽃무늬 스탬프를 규칙적으로 찍어 한쪽 벽을 꾸몄다. 바닥에 깔려 있는 비닐 러그는 이탈리아에서 구입한 제품이다.

011

앙증맞은 옷을 정리한 미니 옷장

할머니가 륀느를 위해 만들어 준 인형 옷장

012

소년의 장난기와 활기로 가득한 방

마르탱의 방은 침대 쪽에만 카우보이 무늬 벽지를 붙였다. 이렇게 한 쪽에만 벽지를 바르면 무늬가 알록달록해도 어수선해 보이지 않는다.

013

포스터를 인테리어 소품으로

유난히 공룡을 좋아하는 마르탱을 위해 서랍장 위는 공룡 피규어로 꾸몄다. 자잘한 물건들은 조그만 벽걸이 고리에 걸어 깔끔하게 정리한다.

014

색채의 유쾌한 조합

독특한 소품과 인형, 세련된 색감의 가구 등이 가득한 마야의 방은 시각적인 즐거움을 준다. 그저 귀엽기만 한 기존의 아이 방과는 다른 독특한 분위기를 자아낸다.

아폴린느 마르카
마야(5세, 여)
티나(2세 6개월, 여)

015

세상에서 하나뿐인 가구

자주색 표면에 물방울 모양으로 페인트를 뿌린 마야의 옷장은 엄마의 솜씨! 아폴린느의 남다른 아이디어에 절로 감탄이 나온다.

환상적인 소품과 장난감에 둘러싸인 개성 만점 인테리어

아폴린느는 이 집에 이사 오기 전에 건축가에게 의뢰해 대대적인 인테리어 공사를 했다. 방의 구조부터 벽과 바닥재의 소재, 가구와 패브릭 등을 모두 고민해 결정했다. 특히 마야와 티나의 방은 아동용품 예술가인 아폴린느의 센스로 세상에서 단 하나뿐인 창조적인 공간으로 탄생했다.

016

낮은 침대에 맞춰 배치한 선반

매트리스만 바닥에 놓아 침대로 사용할 수 있다. 다양한 색감을 자유롭게 조합한 소품과 패브릭이 잘 어울린다.

017

구석 공간도 센스 있게

티나의 방 한구석에 꼬마 숙녀를 위한 소품과 그림책을 아기자기하게 진열했다. 다소 어른스러워 보이는 보라색 트렁크도 마냥 사랑스러운 소품이 된다.

018

여자아이라면 누구나 좋아하는 '엄마놀이'

엄마놀이를 위한 장난감 부엌은 방과 어울리도록 자연스러운 취향으로 골랐다. 티나의 원피스를 창에 걸어 두어 인테리어 아이템으로 활용했다.

019

주인의 감각이 빛나는 조명

티나의 방은 침대 머리맡에 있는 플로어 스탠드와 벽을 비추고 있는 스포트라이트 그리고 요즘 프랑스 아이들에게 엄청난 인기를 끌고 있는 체체(Tsetse) 조명(맨 오른쪽)으로 꾸몄다. 프랑스인들은 평소에 다양한 조명을 사용해 환상적인 분위기를 즐긴다.

020

손잡이가 제각각인 가구 디자인

흰색 서랍장에 물방울을 그려 귀엽게 연출했다. 아폴린느의 감각과 위트가 담긴 가구와 소품들은 정겨우면서도 세련된 매력이 있다.

데비 에드스톤
올리버(12세, 남)
루시(9세, 여)

하양과 분홍으로 연출한 고전적인 소녀 취향에 심플한 가구를 매치

거실은 시크한 연보라, 부엌은 노랑, 아이들 방은 분홍과 진노랑, 초록을 매치해 각 공간마다 메인 컬러를 정했다. 루시의 방은 벽이며 카펫이며 패브릭이 온통 분홍색인 공주님 방으로 꾸몄고 축구 삼매경에 빠진 올리버의 방은 축구무늬 패브릭을 사용해 개성을 담아냈다.

021

컬러풀한 소품을 돋보이게 해주는 흰색 서랍장

서랍장, 옷장, 책상, 침대 등 큼지막한 가구를 흰색으로 통일하면 컬러풀한 소품들이 돋보인다. 더구나 흰색과 분홍색은 궁합도 좋으니 그야말로 일석이조다.

022

방문을 인테리어 공간으로 활용

방문에 고리를 달아 액세서리를 걸고 이니셜 소품과 손으로 쓴 카드로 장식했다. 평소 놓치기 쉬운 곳도 알뜰히 활용한 감각이 돋보인다.

023

톤이 다른 분홍색의 매치

루시의 방은 로라 애슐리(Laura Ashley, 의류와 인테리어 소품 등을 판매하는 영국 브랜드*)에서 구입한 띠 벽지를 붙여 사랑스럽게 연출했다. 침대의 리넨은 띠 벽지 무늬와 똑같이 맞춘 센스도 엿보인다.

024

크리스털 스톤이나 요정 모양 소품을 매치

창가에 놓인 서랍장에 루시가 애지중지하는 소품들을 진열해 두었다. 귀여운 동화가 떠오르는 사랑스러운 모습이다.

025

축구와 기타를 사랑하는 소년의 방

오렌지색과 연두색으로 매치한 톡톡 튀는 올리버의 방에는 좋아하는 축구선수 사인이 적힌 유니폼이 걸려 있다.

026

록커를 동경하는 소년의 열정이 담긴 인테리어

방문은 올리버가 존경하는 뮤지션인 프레디 머큐리를 위한 공간이다.

027

추억이 가득 담긴 물건으로 꾸민 대형 자석 보드

벽에 붙인 자석 보드에는 축구 디자인 카드나 티켓, 이벤트 전단 등 올리버가 아끼는 수집품으로 가득하다.

028

온화한 하늘색 바닥으로 마감한 쌍둥이 자매 방

아니에스와 아누크가 사이좋게 쓰는 방이다. 사진은 아니에스의 공간으로 흰색 철제 침대가 소녀다운 느낌을 풍긴다.

세라 프랑시스 하이먼
아니에스(9세, 여)
아누크(9세, 여)
아탈리(6세, 여)
아르도(3세, 남)

네 아이의 개성을 생각한 인테리어

하이먼 가족은 부부와 네 명의 아이들, 세 마리 개, 두 마리 고양이와 생활하는 런던에서 보기 드문 대가족이다. 이 집은 쌍둥이 자매, 셋째 딸, 막내아들이 쓰는 방의 바닥 색을 각각 다르게 꾸몄다. "아이 방을 꾸밀 때 대부분 벽은 신경 쓰지만 바닥 색을 바꾸는 경우는 드물지요"라고 말하는 하이먼은 벽에 신경을 쓰기보다 바닥재를 통해 아이들의 개성을 드러낸 독특하고 감각적인 인테리어를 선택했다.

029

동물 인형들이 소파 주변에 오순도순

맨틀피스〈Mantelpiece, 벽난로 위에 설치하는 장식용 선반*〉 주변을 사랑스러운 소품으로 아기자기하게 꾸몄다. 바닥에 놓인 봉제 인형들은 아이들의 사랑을 듬뿍 받는 정겨운 장난감이다.

030

오래된 가구와 상큼한 컬러의 조합

아르도의 방은 바닥을 라임색으로 칠했다. 낡은 침대와 목마, 흔들의자가 아련한 향수를 자극한다.

031

책 꽂는 방법도 위트 있게

방에 들어가지 않는 책들은 복도 선반에 모두 수납했다. 책의 방향을 선반마다 바꾸는 사소한 아이디어가 책장을 재미있는 인테리어 공간으로 만든다.

032

등받이 책꽂이가 있는 교회 의자

아이들 방으로 이어지는 2층 복도에는 앤티크한 교회 의자가 놓여 있다. 등받이 책꽂이에 좋아하는 책 몇 권을 담아 둔다.

033

투박한 질감이 편안한 멋을 더하는 가구

칠이 벗겨지고 군데군데 긁힌 흔적이 멋스러운 앤티크 책상과 트렁크는 하얀 벽과 파스텔 톤 바닥재와 어울려 멋진 조화를 이룬다.

034

흰색 벽과 가구를 캔버스 삼아 예술품을 장식

아누크의 행복한 공간은 따스함이 맴도는 하얀 벽과 가구로 채워져 있다. 하얀 방은 알록달록한 소품을 전시하기에 아주 좋은 배경이 된다.

FROM LONDON

035

따라 하고 싶을 만큼 개성 있는 컬러 조화

달콤한 분홍 바닥과 깨끗한 하얀 벽의 조합에 검은 철제 침대가 세련미를 더한다. 책상과 선반을 장식한 컬러풀한 책과 소품이 심플한 공간에 경쾌함을 불어넣는다.

PART . 2

친구에게 자랑하고 싶은

귀여운 키즈 인테리어

036

고가구가 차분하게 자리한 믹스매치 스타일

유럽풍 로맨틱한 공간에 동양적인 앤티크 가구를 매치했다.
분홍색과 진한 초콜릿색은 의외로 잘 어울린다.

연분홍 벽지에 매치한 우아한 소품과 가구

엄마의 세심한 안목이 느껴지는 부드러운 색감의 벽지와 가구, 소품이 돋보인다. 그녀는 아이가 기뻐하는 얼굴을 떠올리며 수천 가지 색깔 중에서 포근한 느낌의 연분홍색을 골랐다. 아이의 옷과 그림 등으로 장식해 소중한 추억을 가득 담은 방에는 구석구석 부모의 사랑이 듬뿍 묻어 있다.

T부부
첫째 딸(10세) 둘째 딸(6세)

037

가구 위를 장식 선반으로 활용

자매가 유치원에서 만든 작품을 진열했다. 인형은 아이들이 직접 염색한 것.

038

공부가 즐거워지는 앙증맞은 책상

자매의 공부 책상이 오순도순 자리하고 있다. 왼쪽은 아빠가 핸드메이드로 만들어 준 동생 책상이다. 일부러 비바람을 맞추어 오래된 느낌으로 만들었다.

039

널찍한 공간을 활용한 테이블 세트

인형놀이를 하거나 간식을 먹을 때 테이블과 의자가 있으면 편리하다. 깜찍한 프릴이 달린 패브릭을 씌운 의자에 앉은 사랑스러운 자매의 모습.

040

추억의 물건이 근사한 소품으로

언니가 아기일 때 엄마가 만들어 준 옷을 토르소에 입혀 서랍장 위를 장식했다. 어릴 때 입던 옷은 예술적인 소품이 된다.

041

가구를 벽 쪽으로 붙여 확보한 놀이 공간

연분홍색 벽, 파인우드 바닥재, 흰색 가구들이 로맨틱한 느낌을 자아낸다. 영국산 앤티크 침대는 자매의 사랑을 독차지하는 아이템이다.

와타나베 부부
사오리(9세, 여), 치하루(6세, 여)

앤티크 가구와 우아한 패브릭으로 연출한 영국식 인테리어

와타나베 부부는 둘째 딸이 초등학교 입학하던 해에 아이 방을 대대적으로 개조했다. 자매가 각자 쓰는 방은 프라이버시를 확보하면서도 개방성을 유지하기 위해 중앙을 연결한 구조로 만들었다. 흰색 징두리판벽(벽 아랫부분을 널빤지로 덧댄 것*)과 가구, 수납장으로 밝고 화사한 이미지가 전체적으로 강조되면서 앤티크 가구 특유의 차분함을 잃지 않는 인테리어 솜씨가 돋보인다.

어두운색과 밝은색의 조화

아이가 크면 가구를 바꾸는 게 일반적이라 보통은 어릴 때 쓰는 가구에 큰돈을 들이지 않는다. 하지만 와타나베 부부는 좋은 물건을 소중히 사용하는 마음을 가르치기 위해 처음부터 앤티크 가구를 선택했다. 크림색 벽에 매치한 앤티크 가구의 차분한 색감이 고즈넉한 분위기를 풍긴다.

043

스테인드글라스로 포인트를

자매의 방 사이에 스테인드글라스로 작은 창문을 냈다. 앤티크 벤치는 1920년대 벨기에 제품으로 아래쪽에 수납할 수 있는 공간이 있어 장난감을 넣어 두었다.

044

문을 없애 개방성을 높인 구조

자매의 방을 연결하는 통로에 문틀을 설치해 인테리어 효과는 물론 개방성과 독립성을 함께 갖췄다. 가구는 자매의 취향에 맞춰 배치했다.

045

징두리판벽 높이에 맞춘 수납

수납장을 징두리판벽과 같은 높이로 만들면 공간이 깔끔해진다. 침대 옆에는 자기 전에 읽을 책을 수납하고 머리맡에는 계절감이 느껴지는 소품으로 산뜻하게 장식한다.

046

코너 수납장에 설치한 조명

지구본형 램프는 방을 아늑하게 밝혀 줄 뿐만 아니라 마음을 차분하게 한다. 봉제 인형을 올려놓은 것 하나에도 부부의 인테리어 센스가 느껴진다.

047

형형색색 장난감은 앤티크 가구에 수납

방이 산만해진다는 이유로 엄마들은 컬러풀한 장난감을 사 주는 것을 꺼린다. 하지만 수납공간을 만들어 제자리를 확실히 정해 두면 그럴 걱정이 사라진다.

048

신발주머니와 상의는 벽걸이 고리에

넓은 침대 벽 공간에 앤티크 벽걸이 고리를 단다. 물건이 침대에 닿지 않도록 높이를 조절한다.

049

오래도록 아끼는 마음을 키워주는 앤티크 가구

자매는 영국산 앤티크 책상과 의자를 사용한다. 어른이 돼도 쓸 수 있도록 서랍이 많이 달린 것을 선택했다.

050

여성스러움이 넘치는 우아한 꽃무늬

풍성한 술이 달린 커튼과 침대 커버는 같은 꽃무늬 천으로 맞추어 통일감을 주었다. 여기에 고풍스러운 벽지가 더해져 로맨틱한 분위기가 한층 돋보인다.

051

좁은 방에서는 상하를 구분해 수납

가구 배치를 고려해 옷장은 상하를 나누어 제작했다. 위는 평상복, 아래는 자주 꺼내지 않는 아빠의 악기를 수납했다.

방이 넓어 보이는 컬러

창에서 흘러드는 햇살과 연노랑으로 칠한 벽이 방을 더욱 아늑하고 평화롭게 만든다. 방이 좁아 한쪽 벽에 가구나 상자들을 모아 아이의 놀이 공간을 확보했다.

우에무라
료타(4세, 남)

DIY로 만드는 내추럴 인테리어

우에무라 가족이 사는 곳은 리폼이나 내부공사에 제약이 심한 사택이다. 하지만 그녀는 탁월한 DIY 솜씨를 발휘해 지어진 지 40년이 지난 곳이라고 믿어지지 않을 만큼 산뜻하고 깔끔한 인테리어를 완성했다. "색감을 최대한 배제해 내추럴한 느낌이 들지만 아이 방만은 풍부한 컬러를 활용해 밝고 건강한 느낌으로 꾸몄어요." 그녀는 일단 가구를 전부 하얗게 칠한 다음 컬러풀한 장난감이나 소품 등으로 포인트를 주었다. 직접 만든 가구로 집 안의 분위기를 돋보이게 하고 작은 벽면도 인테리어 공간으로 효과적으로 활용했다. 평범한 방이 그녀의 반짝반짝 빛나는 아이디어를 만나 산뜻하고 즐거운 방이 되었다.

053

멋스런 느낌을 더하는 앤티크 손잡이

수납장과 벽걸이 선반은 우에무라가 정성을 담아 만든 핸드메이드 제품이다. 인테리어 숍에서 발견한 손잡이가 자칫 평범해 보이는 가구에 포인트가 된다.

054

그림책은 장식과 수납을 동시에

료타의 뒤에 있는 책장은 튀어나온 선반 부분을 들어 올리면 안쪽은 수납공간이다. 표지가 예쁜 그림책은 선반에 올리면 장식 효과가 있다.

055

아이용 테이블과 의자

책을 읽거나 그림을 그리는 용도로 사용하는 테이블과 의자는 재활용센터에서 구입했다. 방 분위기에 맞춰 하늘색과 흰색으로 칠해 사랑스러운 느낌이다.

056

자질구레한 장난감은 트렁크에 수납

크고 작은 트렁크에 장난감을 수납하면 외출할 때 휴대하기 쉽다. 의자는 초등학교에서 사용하던 것으로 온라인 숍에서 구입했다.

057

인테리어로 활용하는 나무집게

나무판자에 페인트를 칠하고 나무집게를 붙여 아이의 사진이나 카드를 걸어 두면 즐거운 볼거리가 된다.

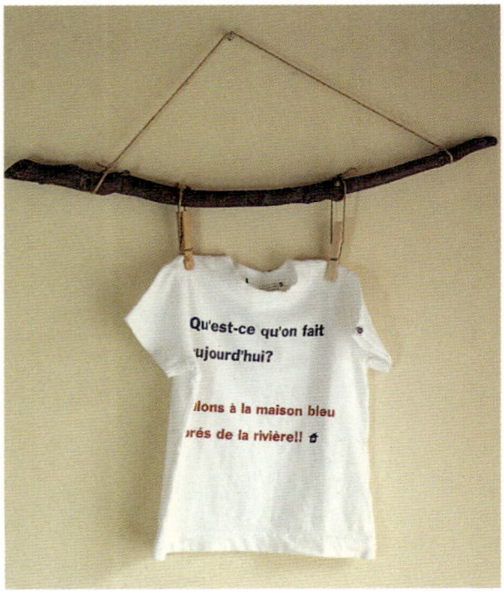

058

티셔츠도 멋진 인테리어 소품

아이의 티셔츠는 작고 귀여워 인테리어 소품으로 활용하기 좋다. 나무집게와 자연 그대로를 살린 나뭇가지 행거에 걸면 탁월한 인테리어 소품이 된다.

다카나시 아야
유리(4세, 여)

공주님 방으로 꾸미는 로맨틱 인테리어

복층 주택에 사는 다카나시 가족은 한창 '공주놀이'에 빠진 딸을 위해 침대에 우아한 캐노피를 달아 주고, 앤티크 식기장을 옷장으로 만들었다. 칠판을 만들어 아이의 눈높이에 맞게 달고, 계단 아래쪽은 놀이 공간으로 꾸몄다. 눈에 넣어도 아프지 않을 딸을 위한 엄마의 센스가 집안 곳곳에서 빛을 발한다.

059

포인트를 주는 컬러는 최소한으로

스타일이나 분위기가 다른 가구나 소품을 매치하려면 고도의 인테리어 기술이 필요하다. 사용하는 색깔을 최소한으로 억제하는 것이 한 가지 요령이다.

060

핸드메이드 원피스를 인테리어 포인트로

귀여운 원피스를 벽에 걸어 두면 생동간 넘치는 인테리어 포인트가 된다.

061

엄마가 손수 만든 칠판으로 상상력이 쑥쑥

다카나시는 원하는 크기의 칠판이 없어 직접 제작했다. 칠판 곁에 조그만 의자를 마련해 딸이 오랫동안 그림을 그릴 수 있도록 배려했다.

062

낡은 느낌이 좋은 가구

계단 아래쪽에 테이블과 의자를 놓아 딸의 놀이 공간을 꾸며 주었다.

063

이것만 있으면 누구나 칠판을 뚝딱

칠판을 만드는 방법은 간단하다. 나무판자에 칠판 페인트를 칠하는 것으로 작업 끝.

064

인테리어 숍처럼 수납한 아이 옷

앤티크 수납장에 감각적으로 옷을 정리한다. 유리문으로 되어 있어 아이가 옷을 찾기도 쉽다.

PART. 3

아이의 작품을 활용한

개성 만점 키즈 인테리어

사랑하는 우리아이가 그린 그림을
온 가족이 볼 수 있는 장소에 걸어 두자.
보는 것만으로도 마음이 따뜻해진다.

065

인테리어 작품으로 활용한 아들의 그림

유치원에 다니는 다섯 살 난 아들이 그린 사자 그림을 거실의 하얀 벽에 걸어 두었다. 엄마의 컴퓨터 작업을 거쳐 근사한 대형 추상화로 완성되었다. (키야 집)

066

일상적인 물건도 아이가 그리면 '모던아트'가 된다.

선반에 나란히 전시한 그림은 초등학교에 다니는 딸의 솜씨다. 굵은 펜으로 그린 것을 엄마가 복사한 다음 액자에 넣어 장식했다. (다카사와 집)

067

가족애가 넘치는 공간

왼쪽은 초등학생 딸이 그린 운동화, 오른쪽은 할아버지가 그린 파리의 풍경이다. 거실에 가족들의 작품이 있으면 손님이 왔을 때 유쾌한 이야깃거리가 된다. (I 집)

068

화장실이 미니 갤러리로

아이의 취미가 그림 그리기라면 작품은 눈이 쌓이듯 불어난다. 더 이상 전시할 공간이 없다면 화장실을 갤러리로 꾸미는 것도 좋은 방법이다. 화장실에 있는 시간이 더 이상 지루하지 않다. (후지모리 집)

069

자유로운 상상력이 넘실대는 그림

벽 한쪽에 걸린 멋진 그림은 스즈키 3형제의 작품이다. 그림에 맞춰 액자 프레임을 달리해 섬세하게 연출했다. (스즈키 집)

070

나선형 계단을 둘러싼 벽면을 예술 공간으로

계단을 올라갈 때마다 아이가 그린 독특한 작품이 경쾌하게 펼쳐진다. 아이가 그림 그리기를 좋아하면 분위기에 따라 다양한 그림을 걸어 재미있는 공간으로 꾸미자. (모리 집)

071

잼 통의 라벨은 아이 담당

식품 저장고 선반에 차곡차곡 수제 잼을 채워 놓았다. 과일 그림이나 직접 쓴 글씨는 세 자매의 발랄한 작품이다. (하이먼 집)

072

아이가 그린 사랑스러운 도자기 주전자

여섯 살 난 딸이 그린 하늘색 도자기 주전자가 사랑스럽다. 엄마는 혹시라도 깨질까 봐 그릇장에 고이 모셔 두고 감상만 한다. (하이먼 집)

073

반짝이는 창의력이 돋보이는 공예품

거실 창가에서 화사한 자태를 뽐내는 공예품은 아이들의 작품이다. 햇빛을 받으면 거실의 무채색 공간이 몽환적으로 물든다. (질 집)

CG
AG

꼬마 예술가의 작품으로
아이 방을 더욱 귀엽게

074

가로와 세로의 절묘한 균형

형제의 방을 이어 주는 복도에 아이가 그린 그림을 걸어 두었다. 다채로운 색감의 액자와 아늑한 하얀 벽이 고급스러운 갤러리 분위기를 낸다. (K 집)

075

아이가 그리기 쉬운 작은 캔버스

그림 그리기 좋아하는 자매 방의 벽면은 이들의 작품을 걸어 예술가의 작업실처럼 꾸몄다. 약간 도톰한 캔버스에 그리면 액자에 넣지 않아도 입체감이 살아난다. (야노 집)

076

분위기에 맞춘 액자 프레임

작은 그림이라도 매트를 덧대면 멋진 예술작품이 된다. 방의 분위기에 맞춘 클래식한 액자에 넣어 인테리어 아이템으로 활용한다. (Y 집)

077

작은 그림은 한꺼번에 모아서

엽서 크기의 작은 작품은 연속 액자에 넣어 걸면 제법 근사한 작품이 된다. 컬러풀한 그림이 의자 및 장난감과 상큼한 조화를 이룬다. (K 집)

마음껏 낙서할 수 있는 칠판은 아이들에게 인기 만점 아이템

078

현관은 아이의 놀이터

합판으로 만든 신발장 문짝을 칠판으로 꾸몄다. 아이는 휴일이 되면 아빠 앞에서 예술적 재능을 마음껏 뽐낸다. (야마시타 집)

079

혼자서도 재미있는 그림 놀이

거실 한쪽에 아이 방과는 별도로 즐거운 놀이터를 만들었다. 아이의 재치 있는 그림들로 거실을 유쾌하게 장식한다. (스즈키 집)

080

설계할 때부터 고민한 칠판

아이 방 입구에 만든 칠판에 아이가 가족들의 모습을 그려 놓았다. 노란색 상자에는 분필이 가득하다. (스즈키 집)

081

벽지가 도화지로 변신한 방

벽지는 언제든 교체할 수 있으니 신경 쓰지 않는다. 아이들이 즐겁게 그림을 그리며 노는 모습이 마냥 즐겁다. (가와바타 집)

082

벽면 전체를 칠판으로 만든 아이 방

세 명의 아이들이 마음껏 그림을 그릴 수 있도록 벽 한쪽을 칠판으로 개조했다. 선반에는 장난감이나 소품을 전시해 발랄한 분위기가 난다. (사카모토 집)

PART . 4

상상력이 자라는 컬러풀한 키즈 인테리어

Pink

083

분홍색 벽과 새빨간 소파의 조합

컬러풀한 블라인드와 대담한 색상의 가구가 공간을 한층 화려하게 물들인다. 딸의 키를 고려해 수납 높이를 조절했다. (하세가와 집)

084

아늑한 분위기의 연분홍색 방

달콤한 분홍색 패브릭으로 장식한 아이 방이 아늑한 느낌을 준다. 침대에 달린 로맨틱한 커튼이 소녀다운 감성을 더한다. (K 집)

085

오래된 가구를 활용한 편안한 방

매끄러운 곡선이 감각적인 가구와 흰색과 분홍색으로 매치된 체크 러그가 어울려 프랑스풍 인테리어를 완성했다. 방이 좁은 편이라 침대 하단을 수납 공간으로 만들어 공간 활용도를 높였다. (로이터 집)

086

활기 넘치는 장밋빛 페인트로 칠한 벽

올해 다섯 살, 열 살이 되는 자매의 방은 한쪽 벽을 장미색으로 칠해 강렬한 느낌으로 표현했다. 바퀴 달린 서랍장에 상판을 올려 아빠가 직접 만든 책상이 돋보인다. (시키마치 집)

087

차분함을 더하는 소박한 컬러 매치

딸이 원하는 사랑스러운 연분홍색과 하늘색을 주된 컬러로 활용해 방을 꾸몄다. 봉제 인형을 장식한 선반도 아이의 꼼꼼한 요구 사항이었다. (스나이더 집)

Green

088

상큼한 연두색으로 꾸민 오두막 스타일

2층 복도에 위치한 자매의 공부방은 연두색 벽이 화사하다. 파스텔 톤 소품들이 멋진 배경이 되어 준다. 엄마가 직접 만든 나비 조명이 멋스럽다. (S 집)

089

공부에 집중할 수 있도록 벽은 연하게

초등학교 4학년이 된 아이의 방은 연한 연둣빛 크림색 페인트로 칠했다. 원목을 사용한 가구와 창틀이 은은하다. (스나이더 집)

090

고상한 분위기에 귀여운 포인트

어른스러움이 느껴지는 연한 연둣빛 벽에 귀여운 가구와 패브릭으로 발랄함을 더했다. 잔잔한 자수를 새긴 커튼이 우아한 느낌을 준다. (I 집)

Yellow

091

가슴 설레는 파라다이스

거실에 아이를 위한 공간을 만들어 한쪽 벽을 겨자색으로 칠했다. 부엌에서 일하는 엄마의 시선이 닿는 곳에서 노는 아이를 보면 한결 안심이 된다. (다카하시 집)

092

비타민 컬러로 가득한 상큼한 방

과일과 채소를 대표하는 주황색과 연두색은 아이들에게 무척 친숙한 컬러다. 정겹고 따스한 컬러가 몸과 마음을 부드럽게 어루만져 더없이 안락한 공간이 된다. (니시가키 집)

093

하얀 배경에 노랑, 빨강, 파랑을 포인트로

다섯 살 난 아들의 방은 로켓 풍선, 그네, 목마 등 즐거운 장난감이 가득한 신나는 놀이터다. 심플하고 모던한 수납장에는 또 다른 장난감들이 가득하다. (키야 집)

094

이색적인 색대비로 공간을 나눈 방

지금은 오누이가 함께 사용하는 방이지만 아이들이 크면 방을 분리할 생각이다. 이를 위해 아이들 각자의 취향에 맞추어 페인트를 다르게 칠했다. 오렌지색과 라임색 서랍장이 깜찍한 대비를 이룬다. (사토우 집)

Blue

095

하늘색과 노란색의 대비

한쪽 벽에만 하늘색 벽지를 바르고 문짝은 노란색 페인트로 칠했다. 개구쟁이 형제들이 놀 수 있는 공간을 확보하기 위해 옷과 자질구레한 물건은 선반과 수납장에 차곡차곡 정리했다. (와타나베 집)

096

푸른색을 자유롭게 활용한 인테리어

10대 소년의 방으로 보이지만 실은 중학생 소녀가 쓰는 공간이다. 자연 느낌을 그대로 간직한 원목에 강약을 조절한 푸른색을 매치해 아늑하고 깔끔한 분위기를 연출했다. (아네사키 집)

097

기차 레일이 연상되는 아이의 방

기차놀이에 푹 빠진 남자아이 방답게 프라레일(Pla-rail, 일본의 유명한 푸른색의 철도 완구 브랜드*)을 연상시키는 푸른색으로 침대 난간과 사다리를 꾸몄다. (시카타 집)

098

흰색 벽과 하늘색 창틀의 조화

형제가 쓰는 방은 흰색과 하늘색을 중심으로 깔끔하게 꾸몄다. 러그와 책상도 푸른 느낌으로 마감한 세심함이 돋보인다. (가네코 집)

099

유럽스타일 컬러 매치

전체적으로 푸른 느낌으로 꾸미고 창틀만 흰색으로 칠했다. 벽에 붙인 일러스트나 침대커버에도 푸른색을 활용했다. (스나이더 집)

100

청회색을 포인트 컬러로

벽 한쪽과 붙박이장을 깔끔하고 분위기 있는 청회색으로 칠하고 구석에 아이의 대형 사진을 붙였다. 아이가 커갈수록 가족들에게 기분 좋은 추억이 된다. (K 집)

101

싱그러운 하늘빛과 만난 달콤한 꽃무늬

하늘색 꽃무늬 벽지에 하얀 가구를 매치해 정겨운 분위기를 연출했다. (다카키 집)

102

하얀 서랍장과 만난 하늘빛 소품

부엌에서 쓰던 법랑을 인테리어 소품으로 활용했다. 지금은 딸이 아끼는 곰 인형을 넣어 두었다.

103

자잘한 꽃과 체크의 발랄한 조화

크고 작은 체크무늬 커튼이 같은 색 계열의 꽃무늬와 만나 산뜻하게 어울린다.

104

다양한 무늬의 효과적인 매치

비슷한 무늬를 겹쳐 사용할 때는 무늬 크기나 컬러 톤에 살짝 변화를 주는 것이 효과적이다. (시카타 집)

105

무늬 벽지로 귀여운 컨트리 스타일 완성

다락방이 있는 집이라면 컨트리 스타일이 안성맞춤! 무늬 있는 벽지를 천장까지 붙여서 귀엽게 꾸민다. 나무로 만든 소꿉놀이 부엌이 귀엽다. (오시쿠보 집)

107

밤이 되면 별이 반짝이는 세계로

푸른빛 벽지에는 야광별이 가득 프린트 되어 있다. 불을 끄면 수많은 별이 은은하게 빛나 아이의 방은 환상적인 꿈나라가 된다. (니시가와 집)

106

방 안에 펼쳐진 푸른 하늘

천장에 가득 펼쳐진 푸른 하늘이 시선을 사로잡는다. 이처럼 개성 있는 벽지를 사용하고 싶다면 흰색 몰딩과 크림색 벽지, 밝은 바닥재 등으로 나머지 공간을 깔끔하게 마감하는 것이 좋다. (구보타 집)

PART.5

사랑스러운 스타일의 다양한 키즈 인테리어

108

엄마의 품처럼 따스한 공간

깔끔한 나무 바닥과 흰색 벽지로 아늑함이 감도는 방. 우애가 돈독한 자매를 위해 놀이 공간은 넓게 만들고 침대는 한쪽에 나란히 놓아 늘 함께 있도록 꾸몄다. (오자키 집)

109

나무의 온기가 가득한 소품과 가구

아이를 위해 친환경 소재인 규조토로 벽을 바르고 바닥은 나무 바닥재로 마감했다. 옷걸이와 수납 바구니, 스툴 등을 나무 소재로 선택해 따뜻한 느낌으로 꾸몄다. (S 집)

110

차분한 자연 소재를 부각시킨 인테리어

하얀색과 나무색의 순수한 색조를 바탕으로 꾸민 아이 방이 포근하다. 오른쪽은 움직이는 벽이라서 자유롭게 공간을 활용할 수 있다. (O 집)

아이의 눈높이에 맞춘 장난감 배치

나무 창틀, 나무 바닥재, 규조토로 마감한 벽 등 자연의 소박한 재료를 사용해 자연스러움을 더했다. 가운데 놓인 탁자는 아이의 키에 맞추어 바닥과 같은 소재로 제작했다. (하리가네 집)

112

장난감은 큼직한 바구니에

사랑스러운 장난감으로 가득한 여자아이 방을 정리하는 방법! 투박하고 정겨운 나무 바구니에 차곡차곡 담으면 말끔하다. (I 집)

113

아이들이 좋아하는 흰색 컨트리 가구

아이를 위한 소꿉놀이 부엌은 하얀 책장과 같은 디자인으로 엄마가 직접 만들어 주었다. 문에 달린 스테인드글라스가 눈길을 끈다. (나카무라 집)

114

낮은 가구로 구획을 나눈 아이 방

오누이가 사이좋게 쓰는 방은 가운데 흰색 서랍장을 두어 공간을 분리했다. 침대는 오빠가, 소꿉놀이 부엌은 여동생이 사용하고 있다. (다카시오 집)

115

대들보가 있는 다락방

오른쪽이 오빠, 왼쪽이 여동생이 쓰는 방이다. 벽을 흰색으로 칠해 견고하고 멋스러운 대들보가 돋보인다. 심플하고 어른스러운 인테리어는 아이가 자라도 유치하지 않아 좋다. 서랍장은 예전에 부모가 사용하던 물건을 활용했다. (야마구치 집)

Natural French

내추럴 프렌치 스타일

116

심플하고 세련된 프랑스 스타일

야마구치 씨 집은 언제나 세 아이로 북적댄다. 둘째 딸이 쓰는 방은 나무 바닥재와 나무 가구로 코디하고 앙증맞은 소품으로 경쾌한 포인트를 주었다. (p82~83, 야마구치 집)

117

오두막을 연상시키는 바닥재

큰아들이 사용하는 방은 앤티크한 나무 바닥재를 이용했고, 침실로 쓰는 다락방 난간은 일부러 낡은 느낌으로 칠했다. 거칠고 투박한 나무 느낌을 활용해 보헤미안 분위기를 풍긴다.

118

아이가 고른 가구

인테리어 숍에서 큰딸이 직접 고른 가구들은 전체적으로 심플하고 밝은 느낌이다.

119

신비로운 빛이 나는 스테인드글라스

세 아이의 방문은 각기 다른 디자인으로 만들었다. 큰딸 방은 앤티크 스테인드글라스를 달아 빛이 들어올 때마다 신비로운 느낌을 준다.

120

빛바랜 느낌이 포근한 앤티크

차분한 온기가 흐르는 오래된 가구들로 꾸미면 편안한 분위기가 난다.
책상과 서랍장은 모두 앤티크한 나무 재질. (p84~85, T 집)

121

예스러운 소품들로 장식한 책상

앤티크 백열등 조명과 소박하고 앙증맞은 나무 수납함, 테이프 커터 등 1980년대 정겨운 추억이 가득한 책상으로 꾸몄다.

122

세월의 흔적이 묻어나는 나무 벤치

거실 한쪽에 운치 있는 나무 벤치를 놓아 따뜻한 분위기를 연출했다. 앤티크한 트렁크 안에는 아이의 장난감이 한가득 들어 있다.

123

섬세함이 엿보이는 소품 인테리어

아이에게 오래될수록 가치를 더하는 앤티크의 매력을 알려 주기 위해 집 안 곳곳에 앤티크 소품을 배치했다. 레이스 도일리 위에 놓인 낡은 열쇠들이 사랑스럽다.

124

공주 스타일은 소녀들의 영원한 꿈

깜찍한 물방울무늬 캐노피, 아기자기한 꽃무늬 커버를 씌운 테이블과 의자, 쿠션은 꼬마숙녀들의 마음을 설레게 한다. (코엔 집)

125

동화같이 싱그러운 방

눈부신 햇살과 새하얀 가구, 밝은 나무 바닥의 조합이 환상적이다. 우아한 샹들리에가 사랑스러운 분위기를 더한다. (A 집)

126

컬러풀한 소품이 돋보이는 화이트 인테리어

눈이 즐거운 아기자기 귀여운 소품. 벽이나 가구를 흰색으로 통일하면 컬러풀한 소품과 센스 있게 어울린다. (미야자키 집)

128

무지개 블라인드로 화사한 방

장난감만으로는 밋밋한 분위기라서 창에 무지개색 블라인드를 달았다. 자칫 지루해지기 쉬울 때 톡톡 튀는 소품을 활용하면 방 안에 유쾌함이 살아난다. (야마가타 집)

127

이불 커버로 즐기는 화려한 색채 코디

알록달록하고 두툼한 이불 커버는 북유럽 제품. 열대어와 해조류가 넘실대는 유쾌한 모빌은 이불과 어울리게 엄마가 직접 제작했다. (Y 집)

129

에너지가 넘치는 푸른 인테리어

커튼, 침대 커버, 포스터, 러그 등에 경쾌한 푸른색을 사용했다. 무늬가 다양해도 전체적으로 푸른색으로 통일했기 때문에 산만하지 않다. (니시가키 집)

130

깜찍한 포인트가 되는 달과 별 조명

연두색과 노란색이 녹아든 크림색 벽지에 흰색 몰딩으로 마감한 방은 알록달록한 소품이 가구와 어울려 산뜻한 느낌이다. (구보타 집)

131

만화 주인공이 사는 방

풍부한 색의 어울림이 즐거운 인테리어. 지나치게 요란하지 않도록 흰색과 분홍색 스트라이프 벽지는 한쪽에만 발랐다. (다카하시 집)

132

달콤한 분위기에는 조명이 최고

시선을 잡아끄는 하늘색과 분홍색의 꽃모양 조명은 불을 켜면 아늑하고 몽환적인 분위기를 낸다. 벽에 붙인 유리 블록은 여자아이의 마음을 사로잡는 아이템. (도쿠나가 집)

PART .6

아이를 배려한 아기자기한 키즈 인테리어

부부 침실 한쪽에 마련한 아이의 사랑스러운 공간

133

언제나 부모와 함께

독립적인 아이 방 대신 부모의 침실 한편에 아이를 위한 공간을 만들었다. 아이가 자라면 공간을 분리할 수 있도록 문은 두 개로 만들어 두었다. (M 집)

부모가 언제나 볼 수 있는 곳에 만드는 아이의 공간

Part 6 아이를 배려한 아기자기한 키즈 인테리어

134

큰 테이블과 작은 테이블이 나란히

거실 한편에 아이의 놀이 공간을 만들어 주면 언제나 볼 수 있어 안심이 된다. 아이용 테이블과 의자는 마트에서 구입했다. (p94~95, 노야 집)

135

거실에 아담하게 꾸민 장식 코너

당장이라도 소풍을 떠나고 싶게 만드는 예쁜 바구니들과 귀여운 인형으로 센스 있게 장식했다. 선반과 벽은 포근함이 느껴지도록 따스한 흰색으로 칠했다.

136

엄마가 항상 볼 수 있는 아이의 공간

거실, 식당, 부엌이 모두 개방형 구조로 되어 있어 식사 준비를 할 때 아이들 걱정을 덜 수 있다.

137

깔끔한 수납이 돋보이는 공간

거실 한쪽에 만든 아들의 전용 놀이터에는 장난감이나 옷을 깔끔하게 정리해 두었다. (p90~91, 아키호 집)

138

수납과 책상을 하나로

엄마가 쓰던 등나무 선반을 하얗게 칠해 아이의 수납 가구로 재활용했다. 바구니와 같은 소재의 의자를 하얗게 칠해 선반과 매치했다.

139

바퀴를 달아 기능을 살린 장난감 통

양철통 안에는 남자아이들의 필수 수집품인 미니카가 빼곡히 들어 있다. 와인 상자에 바퀴를 달아 장난감 통으로 만들면 무거운 블록이나 나무 장난감이 가득 들어 있어도 아이가 쉽게 움직일 수 있다.

140

정리하는 습관을 길러 주는 수납공간

아이들은 자신의 영역이 생기면 장난감이나 책을 소중히 여기고 관리한다. 물건을 깨끗하게 정리하는 방법을 스스로 생각할 수 있도록 아이의 수납공간을 꾸며 주자.

141

두 군데로 나눈 아이의 공간

거실(위)과 식당(오른쪽)의 한구석에 아이가 놀 수 있는 공간을 분산시키면 한층 자유롭게 다양한 놀이에 집중할 수 있다. 가구는 나무로 차분하게 유지하고 컬러풀한 장난감은 창가에 전시해 인테리어 효과를 살렸다. (도우나가 집)

142

붙박이장 안에 숨은 아이 책상

거실의 붙박이장 안에 아이의 책상과 놀이 공간을 만들었다. 아이가 학교에 있을 때는 문을 닫아 두어 심플한 어른의 공간으로 활용한다. (마쓰나가 집)

143

감각적인 북유럽 스타일의 컬러매치

거실과 이어지는 아이의 공간은 거실과 부엌에 활용한 초록색과 노란색을 부분적으로 사용해 통일감을 부여했다. (Y 집)

144

거실에 자리한 아이를 위한 테이블

아동용 테이블과 의자를 소파 맞은편에 배치하면 거실은 아이와 부모의 편안한 이야기 공간이 된다. (J 집)

참신한 아이 방 아이디어

징두리판벽으로 거실 일부를 분리해 아이만의 공간으로 만들었다. 창문으로 아이가 노는 모습을 볼 수 있어 안심이 된다. (p96~97, 가자마 집)

146

'시장놀이'를 좋아하는 딸을 위해 만든 창

요즘 한창 시장놀이에 빠져 있는 여섯 살 난 딸. "주문하신 음식 나왔습니다"라며 조그맣게 낸 창으로 깜찍한 얼굴을 내비친다.

147

경첩을 이용해 만든 재미있는 아이 방 입구

징두리판벽 높이에 맞춘 스윙도어는 독립성과 개방성을 동시에 갖춘 센스 있는 아이디어.

148

아이의 키를 고려한 낮은 수납장

아이 혼자서도 자유롭게 사용할 수 있도록 나지막한 선반을 놓고 아래쪽에는 바퀴가 달린 상자를 짜 넣었다. 낮지만 넓게 제작한 수납장에는 그림책이나 장난감이 가득 들어간다.

149

아이 방과 거실의 이동수단은 미끄럼틀

아이가 사다리를 타고 올라가 미끄럼틀을 타고 내려오면 거실에 도착한다. 아이뿐만 아니라 가족 모두가 동심으로 돌아간다. (시마무라 집)

PART. 7

정성 가득 핸드메이드
소품이 가득한 키즈 인테리어

귀엽고 아기자기한 컨트리풍 핸드메이드 가구

150

분홍색과 크림색의 사랑스러운 조화

아이 방 가구는 아빠가 도면을 담당하고 할아버지가 제작한 것. 분홍색 벽과 하얀 가구에서 소녀다움이 물씬 풍긴다. 곳곳에 핸드메이드 작품들이 가득하다.

151

정성이 가득한 핸드메이드 소품

침대에 놓인 패치워크 퀼트 쿠션과 벽에 걸려 있는 원피스는 모두 엄마의 솜씨다. 상큼한 색의 대비가 시선을 사로잡는다.

152

언제나 예쁘게 보이고 싶은 소녀의 마음

화장대 역시 아빠와 할아버지의 합작품이다. 하늘빛 패치워크 테이블 커버와 의자 커버는 엄마가 만든 작품.

153

다목적 탁자는 방 한가운데에

그림 그리기를 좋아하는 딸을 위해 만든 탁자는 빛바랜 느낌으로 칠해 자연스럽다.

154

정원에 만든 소꿉놀이 집

온라인 숍에서 저렴하게 구입한 오래된 중고 목재로 딸을 위해 인형 집을 만들었다. 앞마당에 모래판까지 준비한 아빠의 섬세함이 느껴진다.

155

서랍 하나에도 아이를 위한 배려가

아이를 위해 뾰족한 모서리 부분은 사포질로 둥글게 만들고 친환경 도료를 발라 마감했다. 책상에 수납공간을 많이 만들면 책상 위가 깔끔하게 정리된다.

156

세상에 하나뿐인 레이스

세심한 뜨개질로 완성한 아름다운 레이스를 조명갓에 씌웠다. 딸을 위한 엄마의 특별한 선물이다.

다카키 집

심플한 디자인이 돋보이는 엄마의 핸드메이드 가구

157

침실 한쪽을 아이를 위한 공간으로

심플&내추럴 스타일. 선반과 소꿉놀이 부엌은 전부 엄마가 만든 작품이다.

158

칠이 벗겨진 페인트로 운치 있게

아이의 손이 닿는 창문에 고리가 달린 선반을 붙였다. 작은 봉제 인형은 바구니에 담아 귀엽게 연출했다.

159

꺼내 쓸 수 있는 맞춤 선반

전자피아노를 사용하지 않을 때는 안으로 집어넣어 깔끔하게 정리할 수 있다. 아이의 키를 고려해 낮게 만들었다.

160

짜임새 있는 수납 아이디어

책꽂이나 벽걸이 선반, 서랍장을 효율적으로 활용해 군더더기 없이 깔끔한 공간이 되었다.

161

칸막이 수납함으로 책상 위를 말끔하게

책상을 어지럽히는 작은 물건들도 칸막이 수납함만 있으면 아이들 스스로 깨끗하게 정리할 수 있다.

162

원하는 사이즈로 직접 만든 칠판

아이를 위한 대형 칠판은 베니아판에 나무 테두리를 붙이고 칠판 페인트를 칠해서 직접 만들었다. 나무 테두리를 두르니 어릴 적 학교에서 보던 칠판과 많이 닮았다.

163

앙증맞은 핸드메이드 칠판지우개

스트라이프 원단과 가죽 벨트, 튼튼한 압정 등을 사용한 세심한 디자인이 엿보인다.

P 집

아이의 성장에 맞춘 방에는 정겨운 핸드메이드 소품이 가득

페인트칠부터 바느질까지, 핸드메이드 제품 총집합

오누이가 사용하는 방은 나란히 싱글침대를 놓아 사이좋게 꾸몄다. 하늘색으로 칠한 벽에 맞춰 코디한 침대 커버가 상큼하다.

165

물방울과 스트라이프 무늬를 균형 있게 배치

아이들은 한 번씩 인테리어를 바꿔 주면 방에서 보내는 시간이 늘어난다. 물방울과 스트라이프 원단을 활용해 발랄한 느낌으로 꾸민 아이 방. 늘어가는 장난감들은 넉넉한 바구니에 수납해 정리한다.

166

아이의 시선이 닿는 곳에 장식용 선반을 설치

징두리판벽은 판매용 마루를 분해해 흰색 페인트로 칠해 하나하나 벽에 붙였다. 귀여운 의자 커버는 체크 원단으로 솜씨를 발휘한 엄마의 작품이다.

S 집

여자아이라면 누구나 욕심나는 소꿉놀이 부엌

167

자매가 사이좋게 놀 수 있는 소꿉놀이 부엌

나무 바닥에 어울리도록 신경 쓴 소꿉놀이 부엌은 아빠가 직접 만들었다. 세심한 부분까지 고려해 완성도를 높였다.

168

형형색색의 음식이 먹음직스러운 도시락

펠트로 만든 도시락은 엄마가 직접 만든 것이다. 채소, 주먹밥, 비엔나소시지 등 귀엽고 알록달록한 음식은 편식을 방지하는 훈련에 효과적이다.

미네가와 집

169

햇살을 가득 머금은 공간에 앙증맞은 소품이 한가득

복도 한쪽에 마련한 아이의 놀이터. 벽면에 배치한 선반, 소꿉놀이 집, 장난감 상자는 모두 아빠의 작품이다. 컬러풀한 소품들은 하얀 방과 어울려 멋진 포인트가 된다.

가쿠무라 집

170

식기대가 달린 소꿉놀이 부엌

빨간 문이 인상적인 소꿉놀이 부엌은 아빠의 솜씨. 여러 가지 물건을 올려 둔 선반은 아이를 배려해 아이의 키에 맞추어 나지막하게 만들었다.

가나코 집

핸드메이드와 만난 부드러운 나무의 온기

171

열두 개의 상자와 상판으로 만들어진 책상

못이나 망치를 쓰지 않고 만든 심플한 책상은 사용 방법이나 구조도 더없이 단순하다. 소꿉놀이 부엌과 코르크 보드는 엄마가 직접 만들었고 벽의 노란 페인트는 엄마와 아이들이 함께 칠했다.

다카하시 집

172

분홍색 페인트로 사랑스러운 책상 만들기

조립식 가구를 구입해 사랑스러운 분홍색으로 칠했다. 기즈모, 스누피 등 미국의 아동용 캐릭터 인형으로 책상과 책장을 유쾌하게 장식했다.

나가오카 집

173

방 안에 웃음을 가져다주는 그네

천장의 견고한 대들보를 활용해 만든 그네는 로프와 판자만 있으면 누구나 간단히 만들 수 있다. 아이에게 즐거운 시간을 선물함과 동시에 위트 있는 인테리어 소품의 역할도 톡톡히 한다.

M 집

멋스러움이 가득한 핸드메이드의 매력

174

멋스러움이 가득한 핸드메이드의 매력

장식 부품과 소재까지 고려한 책상, 침대, 의자, 선반, 문짝은 모두 컨트리&앤티크 숍을 경영하는 부부가 직접 만든 제품이다. 인테리어 숍의 디스플레이 공간을 보는 것처럼 멋스럽다.

175

애정이 가득 담긴 핸드메이드

왁스칠한 바닥이 예스러운 정취의 오두막집을 연상시킨다. 엄마가 만든 핸드메이드 커튼 너머로 푸른 알프스 산이 펼쳐질 것만 같다.

PART. 8

정리가 즐거워지는
수납 노하우

장난감 정리하기

176

보이는 수납으로 깔끔한 장난감 정리

수납장을 활용하면 아이 방을 깔끔하게 정리할 수 있다. 아이가 자라면서 늘어가는 장난감으로 방은 금세 난장판이 되는데, 아예 벽면 하나를 수납장으로 만들자. 바닥부터 천장까지 야무지게 활용하면 눈덩이처럼 불어나는 물건들이 말끔히 정리된다. (p118~119, 스즈키 집)

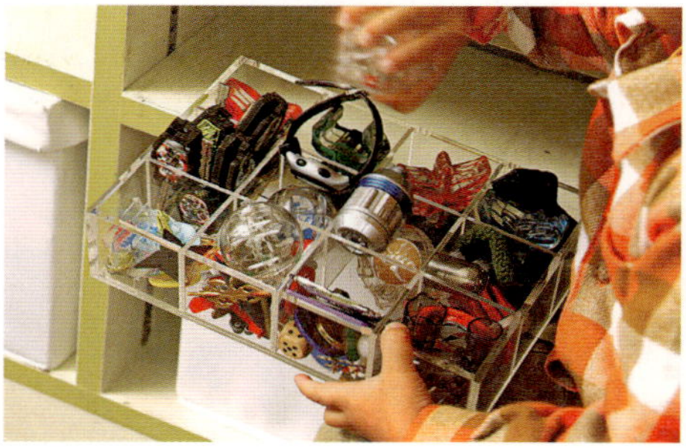

177

작은 물건은 투명 칸막이 상자에 쏙

하나라도 잃어버리면 곤란한 장난감 부속품들은 투명 칸막이로 나뉜 아크릴 상자에 정리한다. 무엇이 들어 있는지 한눈에 보여 찾는 시간도 절약된다.

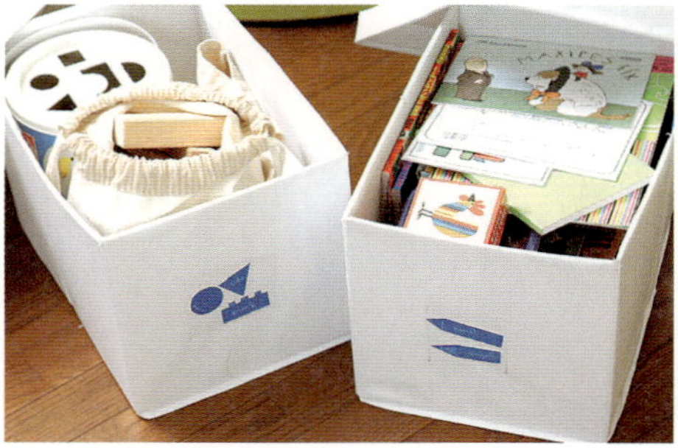

178

담아 둔 장난감 종류를 상자의 측면에 표시

아이가 스스로 꺼내기 쉬운 위치에 수납 상자를 놓고 학용품이나 장난감 등을 정리한다. 안에 있는 물건이 무엇인지 상자에 표시하면 찾기 쉽다.

179

의료용 장식장에 아이의 보물을 전시

앤티크 의료용 장식장이 장난감 수납장으로 변신했다. 위쪽은 아빠, 아래쪽은 아들의 수집품을 진열했다. (야마자와 집)

180

선반 위에 좋아하는 물건으로 장식

장난감이나 소품들로 넘쳐나는 아이 방은 되도록 단순하고 심플한 수납 가구를 선택해서 균형을 맞춘다. (야마자와 집)

181

수레에 태운 인형들

아이들이 사랑하는 라디오 플라이어(Radio Flyer, 미국의 유명 승용 완구 브랜드*)의 수레에 봉제 인형을 태웠더니 재치 있는 인테리어가 되었다. 표지가 예쁜 책은 선반에 일렬로 세워 장식 효과를 높였다. (도쓰카 집)

182

그물 침대를 활용한 장난감 수납

천장의 빈 공간을 활용해 그물 침대를 달아 장난감을 수납했다. 당장이라도 뛰어내릴 듯한 공룡의 모습에 주인장의 장난기가 엿보인다. 청량감이 느껴지는 하늘색 이불 커버와 연두색 벽, 주황색 그물 침대의 색감 대비도 감각적이다. (S 집)

183

탁자 아래 숨은 수납 상자

나무 상자에 바퀴를 달아 아이의 장난감을 넣어 두었다. 탁자 아래 수납 상자를 집어넣으면 거실을 좀 더 넓게 사용할 수 있다. 나무 소재라 거실 인테리어와도 잘 어울린다. (미나미 집)

책 정리하기

184

거실과 아이 방을 잇는 복도에 책장을 배치

하루에도 몇 번이나 오가는 복도에 책장을 마련해 활용도를 높였다. 아이의 그림책과 부부의 책이 가득한 책장 위에는 아기자기한 소품을 올려 경쾌한 느낌을 더했다. (기무라 집)

185

2층 복도를 서재로

아이들이 자유롭게 책을 읽을 수 있도록 서재를 만들어 준다. 집 안의 작은 도서관은 가족 모두에게 사랑받는 공간이다. (M 집)

186

도서관으로 꾸민 현관홀

널찍한 현관홀에 붙박이 책장을 짜서 가족뿐만 아니라 집에 방문하는 사람 모두 편하게 사용하도록 배려했다. (이노우에 집)

187

벽 한쪽에 꾸민 책꽂이 선반

표지가 사랑스러운 그림책은 책꽂이 선반에 수납해 장식 효과를 더했다. 문 옆으로 살짝 들어간 공간에 봉을 달아 옷을 걸고 서랍장 위에는 아이가 좋아하는 물건으로 장식했다. (니시무라 집)

188

스탠드 책장을 침대 근처에

침대 근처에 스탠드 책장을 놓은 뒤로 자기 전에 그림책 읽는 습관이 생겼다. (스즈키 집)

189

회전식 책장으로 편리하게

사방에서 꺼낼 수 있는 회전식 책장은 많은 책을 넉넉하게 수납할 수 있다. 게다가 이동식이라 공간을 보다 효율적으로 사용할 수 있다. (사카모토 집)

옷 정리하기

190

실용적인 붙박이 수납

옷을 자유롭게 꺼내고 넣을 수 있도록 서랍과 봉을 주문 제작했다. 서랍장 위는 인테리어 공간으로 활용한다. (니시무라 집)

191

정리하는 습관을 길러 주는 개방형 선반

자매가 함께 쓰는 방은 옷 정리도 둘이 함께한다. 아빠가 만들어 준 선반은 개방형이라 아이들이 스스로 옷을 꺼내고 정리하기 좋다. (우치노 집)

192

정리가 즐거워지는 옷장

오래된 건축자재용 컨테이너를 재활용해 근사한 수납공간을 만들었다. (다카하시 집)

193

넉넉한 수납공간이 매력적인 로프트 침대

좁은 방을 영리하게 활용한 아이디어. 아이가 쓰는 데 불편하지 않도록 선반과 서랍장을 낮게 만들었다. 깜찍한 장난감을 선반 위에 진열하면 즐거운 놀이 공간이 된다. (사카모토 집)

194

편리한 격자무늬 철제 칸막이

아이가 유치원이나 초등학교에 다니면 신발주머니와 가방 등 외출용품이 늘어난다. 격자무늬 칸막이에 S자 고리를 걸어 부피가 큰 물건을 걸어 두면 보기에도 좋고 방도 말끔해진다. (기시나카 집)

195

시스템 가구로 넉넉한 공간 활용

침대 아래를 전부 수납공간으로 만든 시스템 가구. 사다리 위는 침대, 창문 아래는 소파로 사용한다. 세 개의 슬라이드식 책장에는 많은 양의 그림책과 DVD가 완벽하게 정리된다. (p126~127, 니시하라 집)

침대 주변을 활용하기

196

기성품으로 시스템 가구의 효과를

사다리 침대를 구입하고 아래 공간에 바구니 수납장을 집어넣어 옷을 정리했다. 자질구레한 물건은 커튼 안에 쏙 감췄다. (오가와 집)

197

일석삼조 효과를 갖춘 가구

침대, 책상, 수납장을 모두 갖춘 기능성 가구는 형제가 방을 함께 사용할 때 유용하다. 같은 공간이라도 두 사람의 독립적인 영역이 확보된다. (우에스기 집)

198

집을 개조할 때 제작한 침대

약 12m²(3.5평)의 방에 사다리 침대를 두 개 설치하고 아래는 옷장을, 발치에는 넉넉한 책꽂이를 만들어 책과 장난감 등을 말끔하게 수납했다. (구라타 집)

199

한쪽 벽만 나무로

아이의 작품이나 귀여운 소품 장식을 위해 한쪽 벽만 나무로 꾸미고 고리와 못을 달았다. (O 집)

벽면을
활용하기

200

현관홀 벽면을 코르크 보드로

가족이나 손님을 맞을 때 눈에 띄는 현관홀을 귀여운 전시 공간으로 만들었다. 아이의 그림이나 영화, 연극 티켓이 가지런히 붙어 있다. (야마시타 집)

201

유치원 가방과 모자는 한꺼번에

복도 벽에 설치한 선반에 고리를 달아서 유치원 가방, 모자, 신발주머니를 걸었다. 이처럼 외출용품을 함께 정리해 두면 바쁜 아침에 찾느라 허둥댈 필요가 없다. (구리하라 집)

202

벽을 장식 공간으로

현관 벽에 로프나 고리를 달아 아기자기한 소품이나 외출용품을 수납하면 정리와 장식을 한 번에 해결할 수 있다. (구리하라 집)

203

자연스러운 느낌이 멋스러운 다용도 고리

오스모(Osmo, 독일의 천연 목재 마감재*)로 마감한 베니어판에 소박한 다용도 고리가 멋스럽다. 핸드메이드 특유의 정겨움이 풍기는 손가방과 직접 뜬 니트의 색감 대비도 감각적이다. (도쓰카 집)

2010년 09월 16일 초판 1쇄 발행
2011년 01월 15일 초판 2쇄 발행

지은이 주부의벗사
옮긴이 나지윤

발행인 이규상
편집장 임현숙
편집 허자연
편집팀 최연진 허자연 조창원
디자인팀 박수연 최승희 우선영
마케팅팀 원미숙 정순구

펴낸곳 (주)백도씨
주소 135-892 서울시 강남구 신사동 579-6 태암빌딩 3층
전화 02 3443 0311(편집) 02 3012 0117(유통)
팩스 02 3012 3010
이메일 book@100doci.com(편집) valva@100doci.com(유통 · 사업 제휴)
블로그 http://blog.naver.com/100doci
카페 http://cafe.naver.com/100doci
홈페이지 www.100doci.com

ISBN 978-89-94030-39-5

나무 [수]는 (주)백도씨의 출판 브랜드입니다.

Qu'est-ce qu'on fait
ujourd'hui?
llons à la maison bleu
prés de la rivière!!